Show em vendas

Verdades, Mitos e Mentiras em Vendas

Show em vendas

Verdades, Mitos e Mentiras em Vendas

César Frazão

Prefácio:
Prof. Luiz Marins

editora HARBRA

Direção Geral:	Julio E. Emöd
Supervisão Editorial:	Maria Pia Castiglia
Edição de Texto:	Maria Lúcia G. Leite Rosa
Revisão de Provas:	Grasiele L. Favatto Cortez
	Carla Castiglia Gonzaga
Projeto Gráfico:	CoisasQueFaz Comunicações Ltda.
Ilustrações:	Kanton
Capa:	Fernando Mendes
Impressão e Acabamento:	Gráfica Forma Certa

Dados Internacionais de Catalogação na Publicação (CIP)
Câmara Brasileira do Livro, SP, Brasil

Frazão, César
Show em Vendas : verdades, mitos e mentiras em vendas / César Frazão ; prefácio Luiz Marins – São Paulo : editora HARBRA, 2004.

ISBN 85-294-0286-3

1. Administração de vendas 2. Desempenho 3. Vendas 4. Vendas e vendedores I. Marins, Luiz. II. Título

04-7651 CDD-658.85

Índices para catálogo sistemático:
1. Sucesso em vendas : Administração de marketing 658.85
2. Vendas e vendedores : Administração de marketing 658.85

Rua Joaquim Távora, 629
04015-001 São Paulo – SP
Tel.: (011) 5084-2482. Fax (011) 5575-6876
www.harbra.com.br

Impresso no Brasil *Printed in Brazil*

Dedico este livro a minha esposa Luciene, "Lu",
minha grande amiga e companheira,
que sempre me apoiou nos desafios importantes
da minha carreira,

a meus filhos Letícia e César,
razão de meu viver e motivo de muito orgulho para mim,

a meus pais Cláudio e Ligia,
que apesar das dificuldades sempre fizeram de tudo
para dar a mim e a meus irmãos Daniel e Cláudia,
a melhor educação e os melhores exemplos,
permitindo assim que crescêssemos
com dignidade e valores fundamentais,

a todos os que realmente sentem orgulho de serem
VENDEDORES.

Sumário

Prefácio

César Frazão conhece a arte e as técnicas de vendas como poucos neste Brasil.

Com uma bagagem repleta das mais ricas experiências, ele sabe, na prática, o que faz o sucesso de um profissional de vendas. César Frazão já vendeu de tudo neste mundo – desde listas telefônicas nos Estados Unidos até seminários empresariais para executivos no Brasil. E foi sempre um campeão!

Neste livro, extremamente prático, objetivo, direto, ele nos mostra o caminho do sucesso. É um manual de vendas essencial a quem queira começar e aos que já enfrentam os desafios do mercado competitivo em que vivemos. Aqui o leitor encontrará conselhos, dicas, aprenderá a reconhecer as armadilhas, como apresentar um produto, a descobrir os verdadeiros anseios dos clientes e, principalmente, a difícil arte de "fechar" uma venda, que é, afinal, o que realmente conta para o sucesso de um vendedor.

E o livro de César Frazão não pára no ato de vender, na assinatura de um contrato. Ele dá importantes conselhos sobre o valor do pós-venda e nos faz compreender porque a venda começa, verdadeiramente, depois da venda. E ainda nos mostra, de forma simples e objetiva, a forte necessidade de um trabalho de "pré-venda" bem-feito, ou seja, do cuidadoso estudo de cada cliente, de cada *prospect*, antes da venda.

E como ele conhece e sabe que vender é começar todo dia do zero e que isso exige do profissional de vendas uma extrema motivação e um entusiasmo constante, o leitor encontrará neste precioso livro uma fonte de motivação e exemplos de entusiasmo. César Frazão é um dos vendedores mais motivados e entusiasmados que conheci.

Recomendo, pois, com insistência este primeiro livro de César Frazão. E o recomendo não só aos profissionais de vendas, mas a toda e qualquer pessoa, profissional, empresário ou empreendedor. Afinal, neste mundo competitivo, somos todos vendedores – vendedores de nossas idéias e ideais, vendedores de nossa imagem e, por que não?, vendedores de nossos sonhos.

César Frazão, realizando o seu sonho de ser escritor, com certeza ajudará milhares de pessoas a realizarem seus próprios sonhos. Parabéns, meu prezado César. Parabéns e obrigado por ter escrito este livro, prefácio de muitos outros que, com certeza, virão.

Novembro, 2004
Luiz Marins

Agradecimentos

Durante minha vida profissional, são muitos os que participaram do desenvolvimento de meu trabalho e de meus projetos. Minha gratidão e reconhecimento a todos e, em especial, a:

- minha empresária Silvia Patriani, que acreditou em meu trabalho desde o começo e que é um exemplo de integridade e profissionalismo;
- meu amigo Edílson Lopes, que me mostrou o caminho do conhecimento através da indicação de excelentes livros;
- meu amigo Raúl Candeloro, pelo incentivo em um momento tão importante da minha carreira, abrindo muitas portas para mim;
- Silvio, um vendedor e amigo muito especial, que cedeu sua biblioteca pessoal para meu aprimoramento;
- meu ídolo, Professor Marins, que além de ser um verdadeiro gênio como palestrante, escritor, consultor e administrador de empresas, é um exemplo de simplicidade, competência, bom humor e boa vontade;

- toda equipe da editora HARBRA, pela dedicação e empenho na publicação desta obra;
- toda minha família, amigos, vendedores e gerentes, cujo convívio foi fundamental para a realização desta obra;
- Deus, que me permite levantar todas as manhãs para mais um dia!

A todos vocês, minha eterna gratidão!

César Frazão

VOU VENDER.
EU ACREDITO EM MIM!

Capítulo 1

A VENDA ANTES DA VENDA

A venda acontece primeiro entre suas orelhas.

Zig Ziglar

A maior mentira em vendas: o vendedor aprende a vender vendendo. Na verdade o vendedor não aprende a vender vendendo; ele aprende a vender corrigindo-se, lendo, escrevendo, estudando, revendo e também praticando.

Este livro é para aqueles que saem todas as manhãs para ganhar a vida honestamente através das vendas, deixando em suas casas as pessoas que ama, que na verdade são as razões do seu viver, fazendo da arte de vender a arte de viver. A seguir você encontrará técnicas, conceitos e ferramentas testados e comprovados por mim e por outros vendedores de sucesso, que aumentarão suas vendas sem truques.

Muitas empresas gastam uma fortuna em *marketing* com catálogos, publicidade, brindes, feiras, eventos etc., mas não investem um real ou investem muito pouco em treinamento de vendas, esquecendo-se que a função do *marketing* é gerar demanda e não vender. São os vendedores que têm a atribuição de converter interessados em resultados. Não me levem a mal, não estou dizendo que as empresas não devam investir em *marketing*, mas quando só investem nessa área, produzindo catálogos, por exemplo, o único beneficiário é a gráfica que o produziu e faturou com o pedido. A empresa só se beneficiará da ação quando esta se converter em vendas. E, para isso acontecer, precisa de bons vendedores.

Em vendas, a técnica e o conhecimento são muito importantes, mas nunca superam a motivação, a energia, o entusiasmo, a vibração, o brilho nos olhos ou o sangue nos olhos, como gosto de falar. "O *vendedor que tem só técnica vende pouco, o vendedor que tem só motivação vende pouco, o vendedor que tem técnica e motivação se torna praticamente imbatível.*"

Toda venda começa na cabeça do vendedor, muito antes de ele sair para visitar o cliente. Se, na cabeça dele, ele já está derrotado, já está desgastado, consumido pela crise, já não acredita que o cliente vai comprar, então não adianta sair para visitar o cliente porque não vai conseguir vender.

É preciso ocorrer a venda antes da venda. O vendedor precisa, antes de sair para vender, acreditar nele, acreditar no cliente, acreditar que vai dar certo e daí ele pode sair para o mercado, pois as chances de dar certo realmente são grandes.

Capítulo 2

A HORA DO SHOW, SUBINDO AO PALCO!

Um dos melhores negócios que um vendedor pode fazer é investir em sua própria aparência.

Freqüentemente pergunto em minhas palestras por todo o Brasil: qual é o passo mais difícil da venda? E as respostas mais comuns referem-se ao fechamento ou objeção:

– Não consigo vender quando o cliente diz que o produto do concorrente é mais barato.

– Faço tudo certo, mas não consigo vender, o cliente não compra etc.

Será que realmente fazem tudo certo ou o não fechamento é conseqüência de uma série de pequenos detalhes?

Posso assegurar a você, meu amigo vendedor, que todos os passos são importantes, mas, seguramente, a abordagem merece atenção especial. Conhece aquele ditado que diz "o que começa errado, acaba errado" ou "pau que nasce torto, morre torto"? Pois então, isso se aplica ao mundo dos negócios também.

Grande parte da venda se dá nos primeiros 30 segundos, nos quais o cliente "vai" com a sua cara ou não. Através de um processo de reconhecimento inconsciente, que é muito rápido, o cliente o analisa, vai buscar em sua memória pessoas, fatos, situações e cria um referencial.

Primeiro o cliente compra você, sua imagem, sua pessoa, sua credibilidade e só depois o produto ou o serviço que você está vendendo. Portanto, não comece a vender seu peixe sem antes ter certeza de que o cliente comprou você. O vendedor convence muito mais pela aparência e pelo olhar do que pelas palavras; por isso é fundamental uma boa imagem e olho no olho.

Não fazemos negócios com pessoas em quem não confiamos; assim, é de extrema importância que você tenha uma imagem saudável e profissional, que inspire sucesso e confiança. Você é o responsável em mostrar ao mundo uma boa aparência. **Capriche! Invista em você!**

A credibilidade é um dos aspectos mais importantes para se conseguir fechar uma venda e ela é adquirida através da aparência, postura, tom de voz e atitude. A construção da credibilidade está diretamente relacionada ao tempo de entrevista. Quanto mais rápida for a entrevista, menos credibilidade você terá junto ao cliente e à medida que a entrevista vai evoluindo e se alonga, a credibilidade tende a aumentar.

Ao se vestir bem você economizará tempo e dinheiro. Por isso, compre boas roupas; certamente elas durarão mais e você terá que ir ao *shopping* com menos freqüência, podendo dedicar o seu tempo a coisas mais nobres. As roupas lhe darão uma aparência melhor, o que resulta em mais vendas e mais lucros.

Não sou apenas um teórico, sei muito bem o que estou dizendo, pois vivi os dois lados...

Em março de 1996, um dos maiores vendedores que eu conheci até hoje, me deu um conselho que mudou minha vida. Ele disse:

— Arrume sua gravata, ela está curta e também procure combinar melhor a cor da camisa com a calça; com esta aparência você não inspira sucesso e não vai vender!

O comentário soou como uma bomba em meus ouvidos, não foi fácil ouvir tudo aquilo, mas amigo é aquele que diz a verdade e não o que fala mentiras só para agradar. Daquele dia em diante resolvi cuidar melhor de minha aparência e aprender a dar nó em minhas gravatas. É isso mesmo! Porque, até então, quem os fazia era minha esposa e, quando eu tirava a gravata, tomava todo o cuidado para não desmanchar o nó para poder usá-la no dia seguinte.

Lembre-se, você precisa assumir um papel de vendedor profissional e, como todo ator ou atriz, precisa vestir-se para tal, assim como os médicos usam roupas brancas, os garçons, fraques, os atletas, agasalhos esportivos.

Você confiaria em um médico de bermudas e chinelos ou em um restaurante no qual o garçom trabalhasse com calça jeans e camisa regata?

SEIS DICAS PARA VOCÊ SE VESTIR PARA VENDER

Para mulheres de negócios é um pouco mais complicado vestir-se bem, porque a variação de opções é grande. Eu não me sinto à vontade para dar conselhos, mas uma "personal stylist" dá as seguintes dicas para uma mulher de negócios:

a) não use decotes ou saias ousados e provocativos;
b) seja cautelosa com os acessórios e a maquiagem;
c) se for usar sandálias, que seja a mais discreta possível;
d) prefira cores neutras ou tons pastel em suas roupas, calçados e esmaltes;
e) tenha as unhas bem-tratadas e pintadas;
f) tenha em sua bolsa o extremamente necessário e mantenha suas coisas organizadas.

Para os homens, as dicas simples para você estar sempre bem vestido são:

a) não invente; as combinações clássicas são as melhores para o mundo dos negócios;
b) tenha várias camisas brancas e azuis;
c) para não errar, ternos azuis e pretos;
d) pelo menos dois pares de sapatos bem-engraxados;
e) nada de gravatas do Piu-Piu, do Mickey e cia.;
f) use uma boa caneta, ela é sua ferramenta de trabalho.

A aparência limpa e cuidada é fundamental para quem trabalha em vendas. A atenção não deve se limitar às roupas, mas às unhas limpas, pele cuidada, maquiagem sem exageros, loção de barba ou água de colônia suaves, que não sejam quentes, daquelas que o perfume fica na sala por horas a fio...

O uso de gel para homens está cada vez mais comum, mas é um produto que deve ser usado com cautela para que o cabelo não fique com aspecto gorduroso. Por falar nisso, cabelos oleosos precisam receber cuidados redobrados para não parecerem grotescos.

Você compraria de um vendedor com a roupa manchada e aparência descuidada?

O traje não faz o homem, mas faz 99% do que se pensa dele antes que ele abra a boca. Por amor a você e às suas vendas e não porque eu peço, vista-se bem, ande limpo e inspire sucesso!

Quando você se veste bem, isto traz duas conseqüências imediatas:

a) você se sente bem, autoconfiante, vitorioso, profissional, uma pessoa de sucesso e é importante para um vendedor sentir-se assim;
b) aumenta sua credibilidade e seu poder de convencimento.

ATENÇÃO À FORMA COMO VOCÊ FALA

Outro aspecto muito importante é procurar entrar "no mundo" do cliente, falando na mesma velocidade que ele. Se ele fala mais lenta e pausadamente, você deve acompanhá-lo, procurando imitá-lo e, se ele é do tipo apressado e rápido, a regra é a mesma. É preciso facilitar a comunicação entre comprador e vendedor para que o cliente possa compreendê-lo e essa obrigação é sempre do vendedor.

Hoje não existe mais espaço para vendedores amadores que dizem coisas do tipo: “E aí grande..., A crise como vai?..., Como vão as coisas? Tá tudo difícil, né?...”

O vendedor profissional já sabe as respostas para as idiotices anteriores e aborda o cliente, dizendo coisas como: “Trago boas notícias! Que bom revê-lo! Tenho novidades! O senhor sabia que...” Faça comentários inteligentes, baseado em *fatos positivos e boas notícias* a respeito da economia, do mercado do seu cliente, de negócios e coisas do tipo.

Um grande professor de oratória me disse: “Você nunca terá uma segunda chance de causar uma primeira boa impressão”. E pode ter certeza de que ele está certo.

Capítulo 3

FAZER PERGUNTAS: A MELHOR TÉCNICA DE VENDAS DO MUNDO

Talento nunca é suficiente, com poucas exceções; os melhores jogadores são os que mais treinam.

Magic Johnson

A palavra mais importante em nosso idioma (segundo Eduardo Botelho, um dos maiores escritores brasileiros sobre vendas) é *necessidade.* A necessidade é a mãe da venda. É a necessidade dos clientes que movimenta o mundo, não a dos vendedores.

Infelizmente, a maioria dos vendedores não descobriu isso ainda e vai para o cliente olhando as próprias necessidades, como o pagamento do IPVA, IPTU, a escola das crianças, supermercado, gasolina, cheque especial etc. Se focassem nas necessidades dos clientes, pensando em como ajudá-los, a venda seria muito mais fácil.

– Partindo desse princípio, então, como descobrir a necessidade dos clientes?

É simples, fazendo perguntas. A melhor técnica de vendas do mundo ainda é a pergunta. Já vi um vendedor habilidoso vender para seu cliente apenas fazendo perguntas.

A arte de fazer perguntas é mais importante do que a arte de explicar. Quando perguntamos, estamos no comando da situação e esta é a posição ideal para conduzir as vendas. As explicações em si não vendem nada, a prova disso é que, se bastassem as explicações para vender alguma coisa, não haveria necessidade de vendedores, bastaria bons catálogos e pronto!

Não confunda a arte de fazer perguntas com interrogatório. As perguntas devem ser feitas de uma maneira tranqüila, espontânea e alternada, de forma que o cliente não sinta que está dando informações demais.

Um roteiro de visita muito simples para quem trabalha em vendas pode ser este, composto por apenas cinco passos:

1.º passo: cumprimentos (informar quem você é, de onde você é);
2.º passo: motivo da visita (dizer o que você quer);
3.º passo: descobrir algum ponto em comum (fazer um elogio ao cliente, mas com um quesito importante: ele deve ser sincero);
4.º passo: comentário inteligente (mencionar alguma notícia que leu ou ouviu a respeito do mercado em que o cliente atua, mas como um comentário positivo);
5.º passo: iniciar as perguntas propriamente ditas, por exemplo:

"Antes de eu lhe mostrar meu produto, conte-me um pouco como você começou nesta empresa", ou "Qual o maior objetivo de sua empresa? Para quem ela vende? Qual a maior dificuldade?"

Estude e planeje as perguntas que irá fazer com antecedência. É importante fazer perguntas que revelem necessidades e ganchos para as vendas. Não perca tempo com perguntas idiotas que, além de não terem utilidade, chateiam o cliente.

Você já deve ter ouvido falar que existem vários tipos de perguntas, abertas, fechadas, de impacto, reflexivas, e por aí vai. O mais importante é fazer perguntas inteligentes que possam lhe servir como argumento de fechamento ou de apresentação na venda.

A locução "por quê?" sempre será uma boa opção, incorpore-a em seu discurso e você se surpreenderá com os resultados. Quando um cliente lhe diz "não, obrigado", pergunte a ele: "Por quê" olhando nos olhos dele. E, depois, novamente: "Mas por que o senhor acha isso?", e assim por diante. Você verá que muitas vezes ele mesmo acaba se convencendo de que comprar será um bom negócio.

Procurar os pontos em comum é de grande ajuda para estabelecer um primeiro relacionamento com o cliente.

Certa vez, ao visitar um cliente, deparei com um porta-retratos sobre sua mesa contendo a foto de uma criança de aproximadamente dois anos de idade. Era uma criança linda e não pude deixar de perguntar:

— Quem é essa criança linda? É seu filho?
E ele respondeu:
— Sim e tem apenas dois anos...

Na ocasião, o meu filho também tinha dois anos de idade e isso foi o suficiente para encontrar algo em comum e iniciarmos um longo bate-papo acerca de muitas outras coisas.

Quando finalmente comecei a falar sobre vendas, o motivo principal da minha visita, e ia iniciar uma apresentação mais detalhada de meu produto, ele me interrompeu bruscamente e disse:

- Não precisa me apresentar os detalhes, confio em você, veja o que é melhor para mim e me diga onde eu assino.

Este caso verídico mostra de forma prática a importância de uma boa abordagem e de passar uma magem crível antes de vender o produto.

Além da aparência, que é fundamental para se causar uma boa impressão, o ponto em comum que devemos estabelecer na abordagem é importantíssimo para o sucesso em vendas. A melhor maneira de estabelecer um ponto em comum é elogiando algo que você realmente aprecie em seu cliente como, por exemplo, seu escritório, sua roupa, a localização da empresa, a recepção, o produto ou serviço do cliente, o mercado em que ele atua, mas se nada disso for passível de elogio busque coisas externas como o tempo, a estação do ano, alguma notícia boa, a temperatura do dia etc. O importante é ser SINCERO e nunca mentir, pois de certa forma o cliente acabará percebendo e sua credibilidade irá por água abaixo.

As perguntas podem e devem variar de acordo com o ramo de atividades, mas em geral as quatro perguntas abaixo abrem caminho e dão informações importantes ao vendedor:

a. Qual o seu maior problema ou dificuldade hoje em dia?
b. Qual a origem desse problema ou dificuldade?
c. Como o Sr. quer estar daqui a 5 anos?
d. Como o Sr. começou?

Agora, pense em seu produto. Liste abaixo 5 perguntas que você pode fazer a seu cliente cujas respostas sejam favoráveis à compra.

1. ______________________________

____

2. ______________________________

____

3. ______________________________

____

4. ______________________________

____

5. ______________________________

____

Capítulo 4

PERDI UMA VENDA, MAS GANHEI UMA GRANDE LIÇÃO!

Se não houver vento, reme!

Autor desconhecido ✍

Aprendi uma grande lição quando eu trabalhava como vendedor externo, vendendo anúncios para as listas telefônicas. Embora fosse um trabalho extremamente difícil, pois não era fácil vender um anúncio com uma promessa de retorno que sairia só dali a um ano e com o pagamento no ato, mesmo assim permaneci durante seis anos nesta atividade, que foi uma verdadeira escola de vendas.

Estava eu no escritório de um cliente, era a primeira visita e após quase uma hora de entrevista a venda saiu, o cliente concordou em fechar contrato comigo. Ótimo! Tudo parecia ir muito bem até que, quando fui pegar na minha pasta o contrato para preencher... Cadê o contrato?

Simplesmente eu havia esquecido de repor os formulários na minha pasta. Após ficar meio sem graça (imagine o que o cliente pensa de um vendedor assim), pedi desculpas pelo imprevisto e marquei com ele um novo horário na manhã seguinte, quando eu voltaria com o contrato já preenchido, apenas para ele conferir e assinar.

O final da história não é difícil de imaginar!

Quando retornei ao cliente no horário combinado, ele simplesmente havia desistido da compra e eu perdi uma venda feita. O que aconteceu foi que eu perdi o momento mágico da venda!

A venda é um processo mais emocional do que racional. Quer uma prova disso? Pense nas cinco últimas coisas que você comprou. Agora responda: você as teria comprado? Eram de extrema necessidade? Havia um substituto mais barato? Mesmo sendo um vendedor veterano, cometi um erro amador.

Portanto, verifique sua pasta antes de ir a campo, veja se ela está completa com todos os formulários, gráficos, pesquisas de satisfação, depoimentos, calculadora, caneta, cartão de visitas, brindes, protocolo de recebimento etc.

Conheci um grande gerente de vendas na companhia Bell South, em Atlanta, que de tempos em tempos olhava as pastas de seus vendedores antes de eles irem a campo, pois não queria que saíssem despreparados para as ruas.

ISTO SIGNIFICA QUE...
$

Capítulo 5

A SURPREENDENTE TÉCNICA DE APRESENTAÇÃO DO MAIOR INSTRUTOR DE VENDAS DO MUNDO

Não venda brocas, venda orifícios.

Frase dita por um consultor de vendas
no início das atividades da Stanley Ferramentas

Este assunto já foi muito discutido, mas ALERTO: a esmagadora maioria dos vendedores não sabe vender benefício. Eles não passam de divulgadores de características, por isso fracassam e sentem-se infelizes.

Cada cliente reage de uma forma específica a um benefício e se interessa por benefícios diferentes; portanto, o que funcionou para um cliente pode não funcionar para outro. É preciso falar o que o cliente quer ouvir, dando o benefício certo para a necessidade certa.

Assim como o advogado deve conhecer as leis, o médico, anatomia, o engenheiro, cálculos e assim por diante, você deve conhecer os benefícios de seu produto e isso é o básico em vendas.

Um erro muito comum – e posso lhe assegurar que muitas vendas são perdidas com ele – é quando o vendedor cita um benefício, que é importante para ele, mas não para o cliente. Portanto, mantenha-se sempre atento às necessidades do cliente e ao que ele quer ouvir.

Aprendi uma técnica fantástica de vendas com o estimado Bill Sanjurjo, que vou descrever a seguir e que jamais pode ser negligenciada, a menos que você queira se juntar ao CFV – Clube dos Fracassados em Vendas.

Tive a oportunidade de acompanhar vários vendedores em ação, tanto em vendas por telefone, como pessoalmente, em vários lugares do Brasil e até nos EUA.

Posso lhe assegurar que todas as vezes que o vendedor deixou de usar essa técnica, PERDEU a venda, e você não quer perder mais vendas, não é mesmo?

Trata-se de um exercício muito simples e, talvez por ser tão simples, não demonstre ser tão forte e poderoso quanto de fato o é.

E DAÍ?... ISSO SIGNIFICA QUE...

Esta técnica consiste no seguinte: toda vez que você apresentar um produto ou um serviço a um cliente, pergunte para você mesmo, mentalmente: “E daí?”

Se "der um branco", um vazio, e você não obtiver resposta, é sinal de que está apenas recitando uma característica e é só uma questão de tempo para perder a venda.

Agora, se toda vez que você disser uma característica, se perguntar mentalmente E DAÍ?... e em seguida complementar com ISSO SIGNIFICA QUE..., aí virá o benefício que poderá resultar em vendas.

Vamos a um exemplo bem comum:

FORMA ERRADA:

Vendedor: – O senhor precisa comprar este carro 1.0 porque ele é muito econômico.

Cliente: – Ah sei...

Vendedor: – Além disso, está na moda.

Cliente: – É verdade, mas vou dar mais uma pesquisada e depois eu volto.

FORMA CORRETA:

Vendedor: – O senhor precisa comprar este carro 1.0 porque ele é muito econômico **E ISSO SIGNIFICA QUE** o que o senhor economizará em combustível durante um ano será suficiente para trocar de carro no final de ano sem pôr dinheiro do bolso ou ainda, se preferir, só com essa economia poderá fazer uma viagem com a sua família e eles nunca mais esquecerão desses momentos.

Cliente: – Sabe que eu não tinha pensado nisso...

Vendedor: – Não se preocupe, cuidarei de tudo agora mesmo.

Os benefícios são mais interessantes quando vão ao encontro das necessidades e desejos do ser humano e, para seu conhecimento, todo mundo quer: ser feliz e admirado, ter lucro e economizar, sentir segurança e bem-estar e, principalmente, ter a certeza e ouvir que fez um bom negócio.

Uma dica muito importante, muito utilizada por atores e que pode ser aplicada em vendas é dar ênfase a palavras-chave, principalmente aos benefícios. Quando o vendedor faz isso, pode mudar completamente o sentido das frases e conseguir tocar o cliente. Por exemplo, pronuncie a frase a seguir de cinco maneiras diferentes, dando ênfase à **parte** sublinhada:

<u>Tenho</u> certeza de que é o melhor produto
Tenho <u>certeza</u> de que é o melhor produto
Tenho certeza <u>de que é</u> o melhor produto
Tenho certeza de que é <u>o melhor</u> produto
Tenho certeza de que é o melhor <u>produto</u>

Imagine o poder da ênfase em um discurso de vendas, principalmente em *telemarketing*, onde o único recurso disponível na maioria das vezes é a voz.

Veja os exemplos a seguir e aplique essa técnica a cinco das principais características do produto que você vende. Não tenha dúvidas a respeito do potencial desta ferramenta.

Característica	Pense	Fale	Acrescente o Valor
Nossa gasolina é aditivada,	E daí?...	*isto significa que...*	*...haverá menor desgaste das peças e maior autonomia de quilometragem!*
Nosso livro é ilustrado,	E daí?...	*isto significa que...*	*...as imagens auxiliarão a reter o conhecimento!*
Nosso celular tem câmara embutida,	E daí?...	*isto significa que...*	*...em um momento inesperado você poderá registrar uma imagem ou lembrança querida!*
	E daí?...	*isto significa que...*	
	E daí?...	*isto significa que...*	
	E daí?...	*isto significa que...*	
	E daí?...	*isto significa que...*	
	E daí?...	*isto significa que...*	

AGÊNCIAS
DE
VIAGEM

Capítulo 6

A PALAVRA MAIS PERSUASIVA DO MUNDO É MAIS FORTE QUE A VONTADE DOS HOMENS

Você pode tirar qualquer coisa
de um homem, até sua liberdade,
só não poderá tirar sua imaginação.

Um dos termos mais fortes do mundo é a palavra "imaginação". Deriva da palavra *imagem* e, quando utilizada na forma verbal, *imaginar*, que sugere *criar na imaginação*, ela tem um altíssimo poder de persuasão. A palavra imaginar está entre as mais persuasivas do mundo.

Para comprovar tal fato basta ler a frase a seguir:

Imagine uma bicicleta azul em um lindo gramado...

E pronto aí está. Tente agora seguir meu pedido: *não imagine* um limão, bem maduro, bem suculento, com gotículas de água em sua casca e cortado ao meio...

Conseguiu *não* imaginar o limão? Claro que não.

Não se trata de qualquer anomalia. Acontece que quando falamos a palavra "imagine" nossa mente imediatamente "traduz" a palavra como a visão do objeto.

Agora que você já tem consciência da reação a esta palavra, de seu "poder", basta inseri-la em seu discurso de vendas fazendo o cliente *imaginar* os benefícios do seu produto ou serviço e o poder da imaginação estará trabalhando a seu favor.

Um dos maiores vendedores que eu conheci até hoje fazia muito uso dessa técnica de vendas. Bastavam alguns minutos de conversa para ele começar a usar frases do tipo: imagine seu anúncio sendo visto por milhares de pessoas, imagine seu telefone tocando, imagine o senhor tirando pedidos, imagine o senhor utilizando, imagine a senhora chegando em casa e os vizinhos olhando, imagine o orgulho que sentirão de você, imagine isso, aquilo... E como num passe de mágica o cliente, na maioria das vezes, comprava.

Agora, você vai aplicar esta técnica. Na tabela abaixo, preencha as 6 características principais de seu produto complete com o benefício que o cliente gostaria de ter e que o levaria a comprar.

Características		Benefício para o cliente
	Agora, imagine...	
	Agora, imagine...	
	Agora, imagine...	
	Agora, imagine...	
	Agora, imagine...	
	Agora, imagine...	

$
5
4
3
2
1

Capítulo 7

COMO PASSAR A VENDER COMO NUNCA, UTILIZANDO OS CINCO PASSOS PARA SUPERAR UMA OBJEÇÃO

- Você dormiria comigo por R$ 30.000,00?
Meio indecisa a moça diz:
- Não sei, você duvida?
- E por R$ 100,00?
Indignada ela responde:
- Que tipo de moça você pensa que sou?
- O tipo eu já sei, só estou tentando descobrir qual o preço mínimo!

Márcio Miranda ✍

No ano 2000, uma pesquisa realizada com vendedores internos e externos apontou que 98% dos clientes fazem algum tipo de objeção antes de comprar e apenas 2% compram direto sem questionar. Se você parar para analisar suas últimas vendas, verá como isso faz sentido.

Portanto, para ser bem-sucedido e ganhar muito dinheiro em vendas, você tem duas opções: a primeira é ter uma bola de cristal e sair em busca dos 2% que compram direto sem questionar e a segunda é aprender a lidar com objeções.

A objeção está presente em quase todas as vendas e uma maneira bastante inteligente de superá-la é apresentar depoimentos, pesquisas e testemunhais, antes de o cliente impor qualquer obstáculo, como veremos mais detalhadamente no capítulo 13.

O campeão de vendas encara uma objeção como um aviso de que algo não ficou claro o suficiente para fechar o negócio e trabalha em cima deste ponto. Já o vendedor amador encara uma objeção como uma assombração e desiste facilmente da venda, dizendo: "Ah, esse aí não compra nada, é só um curioso!".

Diante de uma objeção, nunca assuma uma postura excessivamente agressiva que vá diretamente contra o cliente. Muitas vezes o melhor remédio para tratar uma objeção é o silêncio. Quando você perceber que o cliente está fazendo uma objeção infundada, sem base nenhuma, simplesmente olhe nos olhos dele, fique em silêncio e ele perceberá que falou uma bobagem. Neste momento, dê uma saída honrosa para ele, mudando de assunto, e continue com o processo de venda.

Existe um exercício muito simples, mas que é absurdamente eficaz e potente para tratar a objeção. Pegue uma folha em branco, divida-a no meio com um risco e de um lado relacione as dez *principais* objeções que você ouve no dia-a-dia (normalmente elas não passam de cinco). Em seguida, escreva as respostas para elas e estude-as até sabê-las na ponta da língua.

Independente da profissão, todos nós precisamos estudar. Infelizmente, a maioria dos vendedores não faz essa lição de casa por falta de conhecimento ou disciplina, então só resta uma coisa a fazer: reclamar que não estão vendendo e colocar a culpa na economia, no preço, no produto etc. Quando um vendedor meu começava a reclamar e chorar, eu dava uma chupeta para o coitadinho.

Conhecer as respostas para as objeções é um grande passo rumo ao fechamento da venda, mas não é tudo. Aí é que entra em cena o grande segredo de como tratar a objeção: a técnica dos cinco passos.

CINCO PASSOS PARA TRATAR UMA OBJEÇÃO

1.º Ouvir atentamente.
2.º Demonstrar empatia.
3.º Devolver a objeção em forma de pergunta.
4.º Responder a objeção.
5.º Tentar novamente o fechamento.

1.º OUVIR ATENTAMENTE

Concentre-se no que o cliente está falando e esqueça o resto. Quando surge uma objeção, é muito comum o vendedor estar pensando em sua comissão ou em como persuadir o cliente e se esquece do mais importante, ouvir.

2.º DEMONSTRAR EMPATIA

As pessoas de um modo geral gostam de saber que foram compreendidas e que estão certas. Por isso, assuma uma postura de empatia, mostrando que você compreendeu o que ela está dizendo, com frases do tipo:

– Sei como o senhor se sente...

– Compreendo...

– Tive um cliente semana passada que pensava exatamente igual o senhor...

– Se eu estivesse em seu lugar talvez pensasse da mesma forma...

Essas frases têm o poder de fazer os clientes sentirem que você está do lado deles.

3.º DEVOLVER A OBJEÇÃO EM FORMA DE PERGUNTA

É muito importante ter firmeza neste momento e transmitir confiança; não há nada de errado em querer descobrir o real motivo, olhe nos olhos do comprador e demonstre preocupação.

Quando você devolve a objeção para o cliente acrescido de "por quê?" ou "como assim?" no final da frase, o cliente terá que lhe dar uma resposta, e esta será a verdadeira dúvida dele. Por exemplo:

Cliente: – Está caro!
Vendedor: – Caro? Como assim?
Cliente: – Não tenho dinheiro para isso agora.
Vendedor: – Sem problemas, o pagamento fica para daqui a 30 dias. Qual o endereço para entrega?

No diálogo acima fica claro que nem sempre o que parece ser é. Na verdade, o cliente não estava achando caro, ele só não tinha recursos no momento.

4.º RESPONDER À OBJEÇÃO

Este é o passo mais simples, é só responder à dúvida do cliente e, se você fez a lição de casa relacionando as dez principais objeções, provavelmente essa objeção será uma das dez que você está preparado para desfazer e concluir a venda.

5.º PROSSEGUIR COM A VENDA

Muitos vendedores após resolverem a objeção, esquecem-se do objetivo final que é vender. Não perca o foco e vá para o fechamento; o máximo que poderá acontecer é uma nova objeção e então o ciclo se inicia novamente, pois é provável que esta nova objeção está na lista das dez objeções mais comuns que você relacionou e já sabe a resposta.

A primeira objeção muitas vezes funciona como um mecanismo de defesa do comprador para se livrar do vendedor. Ele inventa qualquer coisa para despachar o vendedor como, por exemplo: estou sem tempo, sem dinheiro, vou pensar, me liga depois etc. Uma dica muito importante é *nunca tente lidar com a primeira objeção*, normalmente ela é uma mentira, é falsa, não existe e, se não existe, como você pode tratar uma coisa que não existe? Finja que não ouviu, dê uma de louco e continue com a venda.

Agora atenção: se a mesma objeção aparecer duas vezes, é um grande indicador de que ela possa ser verdadeira. Neste caso é só aplicar o conhecimento adquirido neste capítulo e continuar com a venda.

PROPOSTA
PAGAMENTO PARA 60 DIAS

Como vimos, antes de mais nada, para que haja uma venda é preciso que haja a necessidade, ou que se busque essa necessidade no cliente.

Depois, diante das objeções levantadas para não comprar, é preciso descobrir e focalizar qual é, de fato, a real objeção, pois nem sempre aquilo que o cliente nos mostra como sendo o motivo que o impede é o fator principal para ele não comprar.

Assim, por exemplo, imagine o seguinte diálogo:

— Você quer comprar este CD?
— Não, obrigada, é muito caro.
— Mas... caro, comparado a quê?
— É que eu estou com muitas despesas agora...

(Observe que, de fato, não é o "preço" o fator que está impedindo o cliente de comprar, mas o fato de ter muitas despesas no momento. É preciso buscar uma alternativa para resolver este problema.)

—Então, podemos pensar em um prazo e você pode nos pagar dentro de 60 dias.
— Então eu aceito, obrigada.

R$ 100
ZILHÕES
R$ 1/2 ZILHÃO

Capítulo 8

UTILIZE A LEI DO CONTRASTE A SEU FAVOR E AUMENTE SUAS VENDAS

Feliz é o vendedor que aprendeu que o melhor meio de receber é dar primeiro.

Adaptada do livro A *Lei do Triunfo*, de Napoleon Hill

Esta lei surgiu baseada em uma situação real vivida por mim e por outro vendedor, que é hoje um grande empresário.

Era hora do almoço e estávamos em uma das mais movimentadas avenidas de São Paulo, aguardando o horário para visitar nosso próximo cliente. Enquanto isso, entramos em uma concessionária de carros importados luxuosos. Era uma das marcas mais famosas do mundo, ficamos por ali namorando aqueles belos carros e um modelo em especial nos chamou a atenção. Era realmente um carro acima da média, uma obra de arte e custava cerca de R$ 150.000,00.

Saímos de lá e passamos em frente a uma outra concessionária de carros luxuosos onde estava em exposição um lindo carro 0km que estava na moda, por apenas R$ 40.000,00. Esse valor soou barato para nós, em um primeiro momento, mesmo estando ainda muito acima do valor que poderíamos pagar por um carro naquela ocasião. Foi aí que percebemos que quando se trabalha um primeiro valor mais alto na cabeça do consumidor, o valor que vem em seguida, naturalmente, parecerá baixo.

Não importa o que você venda, primeiro ofereça o seu pacote ou o seu produto mais caro e trabalhe esse valor um pouco na cabeça do cliente. Em seguida, ofereça o produto ideal: você terá uma chance muito maior de vender, porque você está partindo de **um referencial mais alto** na cabeça do cliente.

Certa vez, um gerente de vendas comentou comigo que seus vendedores ofereciam a todo mundo, mas não conseguiam vender assinaturas de uma determinada revista pelo período de dois anos. Somente fechavam pacotes de um ano. Observei-os em ação e de fato, todos ofereciam o pacote de dois anos e vendiam o de um.

Sugeri que criassem um pacote de três anos e oferecessem a todos os clientes como uma primeira oferta. Eles assim o fizeram e adivinhe o resultado? Isso mesmo, passaram a vender pacotes de dois anos, pois esses soavam mais baratos que o de três.

Ofereça uma mansão e venderá uma casa, ofereça uma casa e não a venderá. Existem exceções, mas normalmente esta lei funciona, vale a pena tentar.

A lei do contraste é fortíssima e gostaria de lhes contar dois casos verdadeiros.

No primeiro caso, foi realizada uma pesquisa em que os compradores entravam em uma loja por uma única porta. Nessa loja estavam dispostas, uma após a outra, 5 mesas, cada qual contendo produtos de um mesmo valor.

Da primeira vez (vamos chamar de arranjo A), dispuseram os produtos de forma que os preços estavam em ordem decrescente: os da primeira mesa custavam R$ 100,00; os da segunda, R$ 50,00; os da terceira, R$ 25,00; os da quarta, R$ 10,00 e os da quinta, R$ 5,00.

Da segunda vez (vamos chamar de arranjo B), as mesas foram dispostas em ordem crescente de preço: na primeira mesa, produtos de R$ 5,00; na segunda, de R$ 10,00; na terceira, de R$ 25,00; na quarta, de R$ 50,00 e, por fim, produtos de R$ 100,00.

Qual dos arranjos, A ou B, levou a um valor médio da venda mais alto?

O arranjo A, em que o cliente tinha contato em primeiro lugar com produtos de preço mais alto, levou a um valor médio da venda de R$ 38,00. Já no segundo, em que o cliente tinha em primeiro lugar contato com artigos de menor preço, o valor médio da venda foi de R$ 12,00!

No segundo caso, duas lojas de jaquetas, situadas em uma mesma rua na cidade de São Paulo, colocaram à venda a mesma jaqueta pelo mesmo preço final (R$ 100,00).

A primeira, colocou o preço na vitrine em um cartaz com os dizeres:

A segunda colocou diretamente o preço final na vitrine:

Qual vendeu mais? Pense!

No mesmo período de tempo, a loja que colocou o cartaz de promoção na vitrine vendeu 84 jaquetas, enquanto a segunda loja vendeu apenas 4!!!

Como você pode aplicar a lei do contraste em seu produto?

Capítulo 9

NÃO TENTE ABRIR A PORTA COM A CHAVE ERRADA. CONHEÇA 14 TÉCNICAS DE FECHAMENTO DIFERENTES E AUMENTE SUAS CHANCES DE VENDER

Aquele que produz um trabalho superior ao seu salário em breve estará ganhando um salário maior do que o serviço prestado. A lei do aumento dos lucros cuidará disso.

Napoleon Hill

Compare o fechamento com um *iceberg*: vê-se apenas a sua ponta, pois a maior parte dele está "escondida", submersa. O fechamento da venda é a ponta do nosso *iceberg*: é natural o vendedor achar que não fecha vendas pois tem dificuldades exatamente aí, no fechamento. No entanto, é preciso analisar o que já está escondido, ou seja, o que vem antes do fechamento.

Partindo do princípio que você fez tudo certo e chegou ao tão esperado momento, é muito importante que mantenha a máxima atenção para não desperdiçá-lo.

Esteja sempre pronto para fechar a venda a qualquer momento, não esteja engessado, mesmo na abordagem ou na apresentação. Quanto mais rápido se der o fechamento, melhor! E sinta-se orgulhoso de ser rápido e objetivo. Convém ressaltar que a venda não é um processo lógico e não existe um momento pré-determinado para o fechamento.

Há várias técnicas de vendas e é preciso usá-las de acordo com os diferentes tipos de clientes. Afinal, se os clientes são diferentes uns dos outros, também compram de maneira diferente. O vendedor amador utiliza o mesmo fechamento para todos os clientes, ao passo que o profissional utiliza um para cada cliente ou a combinação de vários fechamentos para tirar o pedido.

Pode ser que você nunca tenha estudado com a seriedade necessária o assunto "técnicas de fechamento" e talvez por isso as vendas não aconteçam como você gostaria. Não adianta re-clamar se você não domina pelo menos dez técnicas de fechamento diferentes. Sem elas, fica difícil ter bons resultados.

AS MAIS IMPORTANTES TÉCNICAS DE FECHAMENTO

1. "TIRAR A GAROTA PARA DANÇAR" – SOLICITAR O PEDIDO

A melhor maneira de vender é solicitando que o cliente compre. Não espere que ele peça para comprar. É como tirar uma garota para dançar: você tem que agir; se esperar muito, outro chega na sua frente e leva a garota ou o baile acaba...

2. PONTOS FORTES E FRACOS

Este é um dos mais poderosos fechamentos e funciona muito bem com clientes detalhistas e inseguros. Pegue uma folha em branco e divida-a ao meio com um risco; peça para o cliente escrever todos os pontos positivos da compra e do outro lado, todos os negativos. É muito importante que ele anote, e não você.

É importante que use a expressão "Vantagem em Não Comprar" e não a palavra "Desvantagem", que está implícito um sentimento de perda.

VANTAGENS EM COMPRAR	VANTAGENS EM NÃO COMPRAR

Feito isso, se você fez uma boa apresentação, por uma questão matemática, ele irá comprar. Pegue o contrato e preencha.

3. REDUZIR AO RIDÍCULO

Mostre para o cliente como o seu produto ou serviço é barato e acessível, dividindo o valor dele pelo número de dias que ele durará ou pelo prazo de pagamento. Por exemplo:

– Por este plano de saúde o senhor investirá somente R$ 9,70 por dia, para ficar tranqüilo, e sua família merece este investimento (soa mais barato que R$ 300,70 por mês).

– Considerando que esta máquina produzirá para sua empresa durante 10 anos, o senhor investirá apenas R$ 2.900,00/mês. Com certeza, ela fará lucrar mais que esse valor por mês (valor da máquina R$ 348.000,00, dividido por 120 meses = 10 anos).

Tenho um cliente que estava com dificuldades para vender um programa de treinamento que custava R$ 6.500,00 e era válido por um ano. A partir do momento em que seus vendedores começaram a oferecer o mesmo programa por R$ 17,88 por dia, suas vendas aumentaram imediatamente em mais de 30%.

4. FECHAMENTO POR TENTATIVA

É um tipo de fechamento mais sutil do que aquele de "tirar a garota para dançar", mas funciona. Arrisque tentativas como: "Deseja que eu lhe envie na semana que vem? Gostaria de um acessório adicional?" É como lançar o anzol na água – de repente o peixe morde a isca.

5. CONCORDÂNCIA ATRAVÉS DE PEQUENOS PONTOS

Obtenha uma série de respostas afirmativas com perguntas previamente planejadas, criando assim um clima de cumplicidade. Após um determinado tempo de conversa o cliente se sentirá praticamente obrigado a comprar, caso contrário, ele estaria indo contra tudo o que ele mesmo falou.

Qual dos fechamentos de 1 a 5 chamou mais sua atenção? Como você o aplicará em seu dia amanhã?

6. PARAFRASEAR

Parecido com o fechamento anterior, mas com uma diferença: neste, você não formula novas perguntas, apenas devolve para o cliente as afirmações e perguntas que ele lhe fez. Tome cuidado para não ser repetitivo.

7. OPÇÕES POSITIVAS

Neste tipo de fechamento você oferece ao cliente duas opções positivas e a resposta a qualquer uma delas culminará com a venda, exemplos:

– O senhor prefere pagar à vista ou a prazo?
– A senhora quer fazer em nome de pessoa jurídica ou pessoa física?

Repare que em ambas aparece a palavra "ou". Com esta dica fica fácil montar opções positivas e correr para o abraço.

8. OPORTUNIDADE ÚNICA

Este fechamento já foi muito utilizado no passado devido à inflação, e por isso não tem muita credibilidade hoje em dia, mas, se a situação for verdadeira, é ainda uma boa maneira de se fechar vendas; ninguém gosta de pagar mais caro ou perder uma oportunidade.

9. PRAZER DE GANHAR (ESPECÍFICO)

Enfoque o benefício que mais agradou a seu cliente e bata o martelo em cima dele. Afirme que ele terá o resultado esperado com tal benefício, você estará falando o que ele quer ouvir.

10. MEDO DE PERDER (PREJUÍZO)

As pessoas compram por dois motivos: prazer de ganhar e medo de perder. E este segundo ponto é muito comum; portanto, uma técnica bastante forte e muito boa quando usada em conjunto com a oportunidade única que vimos acima. Diga ao cliente:

– Além de mim, a empresa tem mais *x* vendedores que neste exato momento também estão oferecendo esta mesma condição a seus clientes. Não deixe para depois, se o senhor não comprar agora, se arrependerá mais tarde e nunca ficará satisfeito de verdade.

Qual dos fechamentos de 6 a 10 chamou mais sua atenção? Como você o aplicará em seu dia amanhã?

---

11. RESUMO DO ACORDO

Este fechamento deve ser utilizado quando o cliente é muito detalhista e precisa ter certeza de todos os pontos antes de comprar. Ajude-o a tomar a decisão, faça um resumo por escrito para ele de tudo o que foi conversado.

12. DEPOIMENTOS OU TESTEMUNHAIS

Esta técnica é uma forte aliada e pode ser trabalhada isoladamente ou em conjunto com qualquer outro tipo de fechamento.

Na maioria das vezes, os clientes acreditam mais na palavra de um concorrente ou de outro cliente do que na de um vendedor. Costumo dizer que a palavra de um concorrente vale mais do que mil palavras de um vendedor. Portanto, tenha sempre em mãos depoimentos de clientes satisfeitos e use-os para fechar vendas.

13. TÉCNICA DA HISTÓRIA

Durante o fechamento, conte uma história de um cliente que estava na mesma situação e acabou fazendo a coisa certa, comprando, e hoje ele está muito satisfeito com o resultado.

Importante neste caso é nunca mentir, falar sempre a verdade e, quanto maior o número de histórias e clientes satisfeitos que você tiver, mais poderá usar esse tipo de fechamento e aumentar suas vendas.

14. CONSIGNAÇÃO

Esta é uma forma quase infalível de venda, pois não representa risco para o comprador. O ponto fraco desta técnica é que ela não pode ser aplicada em qualquer segmento de mercado e deve-se ter um cuidado especial com relação à integridade e honestidade do comprador.

As técnicas descritas acima não funcionam o tempo todo, em todas as situações e com todos clientes, mas se você estudá-las e colocá-las de uma vez por todas na sua cabeça, uma coisa é certa: você terá um verdadeiro arsenal para tornar-se um campeão de vendas.

Um alerta! Os vendedores que não conhecem ou, pior ainda, conhecem, mas não dão importância a essas técnicas de fechamento, certamente continuarão na mediocridade, ganhando baixas comissões e levando vidas infelizes. Mudarão de um emprego para outro, achando que o problema está no produto...

Qual dos fechamentos de 11 a 14 chamou mais sua atenção? Como você o aplicará em seu dia amanhã?

PARA QUAL
ENDEREÇO
ENVIO?

Capítulo 10

NUNCA É CEDO DEMAIS PARA VENDER

Perde tudo quem perde o momento certo.

Provérbio espanhol ✍

Os sinais de compra funcionam como verdadeiros guias para o sucesso em vendas. Fique atento, eles podem ser verbais ou não verbais.

Considere *sinais de compra* quando o cliente:

- faz perguntas do tipo: como posso pagar? Tem desconto à vista? E se eu levar dois?...

- assume uma postura calma e de relaxamento na cadeira;
- procura mais informações sobre o produto, mexendo ou folheando o manual;
- quer ter certeza da validade ou da entrega;
- inclina a cabeça para frente em sinal de aceitação;
- solicita a sua opinião, querendo um sinal de aprovação para ter certeza de que está fazendo um bom negócio;
- acha caro, o que pode ser traduzido por "não entendi o valor do produto; convença-me de que ele vale isso".

Os grandes vendedores nunca perdem o foco do fechamento, o objetivo é fechar a venda sempre.

Preste muita atenção na linguagem corporal do seu cliente: eles conseguem disfarçar com palavras, mas não com o corpo. Quando você estiver vendendo por telefone, existe a barreira visual; neste caso vale a atenção redobrada na audição para detectar os sinais de compra no tom de voz e nas frases.

No ano de 1998, estava no meio de uma campanha de vendas disputadíssima, em que estava em jogo um belo troféu para o melhor vendedor do ano e ainda um bom prêmio em dinheiro.

Consegui agendar com um cliente potencial e convidei o meu gerente para ir comigo. Afinal, era um reforço a mais no ato da venda, levando em consideração que ele havia sido um dos melhores vendedores da empresa e era também um ótimo gerente de vendas.

Visitamos o cliente e tudo corria conforme o esperado. Meu gerente realmente era muito bom e após uns 30 minutos de reunião o cliente já havia decido por comprar o modelo X. Imediatamente comecei a preencher o contrato enquanto eles acertavam os últimos detalhes e nesse momento eu já sonhava com a bela comissão e com o prêmio, pois era um contrato grande que me daria uma certa folga em relação ao segundo colocado.

Mas, de repente, o meu gerente — que era tão experiente — comete um erro amador: pergunta ao cliente o que ele acha do modelo Y e começa a vender os benefícios deste modelo, que era um produto superior com mais vantagens e, lógico, também mais caro.

Eu não podia acreditar no que estava ouvindo... Finalmente, o cliente nos diz:

— Sabem de uma coisa? Vocês têm razão, este produto Y realmente parece ser melhor, só que preciso pensar um pouco mais antes de fechar por se tratar de um valor maior. Vocês me procurem na semana que vem que darei uma resposta.

Olhamos um para o outro e tentamos de todas as formas convencê-lo a comprar no dia ou ainda a ficar com o modelo X. Tarde demais, perdemos o ponto da venda.

Depois de alguns dias e de muitas tentativas desistimos do cliente. Não vendemos nem o produto X nem o produto Y, pois tínhamos deixado passar o momento mágico da venda.

Este caso virou motivo de piada na empresa e sempre que tocávamos no assunto ríamos bastante do acontecido, que nos deixou uma grande lição: nunca perca o ponto da venda! Se tiver que fechar a venda, feche, mesmo que o valor não seja o ideal. É mais seguro tentar voltar depois e fazer uma nova venda do complemento do que arriscar e sair com as mãos abanando.

CAMPEÃO
DE
VENDAS
1
2
3

Capítulo 11

É IMPOSSÍVEL UM VENDEDOR APLICAR ESTA FERRAMENTA E NÃO SE TORNAR UM CAMPEÃO

Nenhum homem pode conseguir grandes triunfos se não estiver disposto a fazer sacrifícios; seu sucesso será proporcional ao seu esforço.

Napoleon Hill e Clay Lopes

Esta ferramenta consiste no método mais eficaz de todos os tempos para aumentar as vendas e os ganhos, gerenciando a carreira e o sucesso de um vendedor. Funciona como uma verdadeira radiografia, que mostra exatamente o ponto onde está o problema.

O livro *Do Fracasso ao Sucesso na Arte de Vender* traz um depoimento fantástico de seu autor Frank Bettger, que diz ter aumentado suas vendas em 500% usando esta ferramenta. Outro relato de um medíocre vendedor que ocupava o 92.° lugar entre os vendedores da empresa e estava para ser demitido mostra que, usando esta ferramenta, em pouco tempo ele passou para o 1.° lugar, vindo a assumir a presidência de uma multinacional muito conhecida.

Os vendedores que sempre fracassam têm ao menos uma coisa em comum, não importando o ramo de atividade em que eles atuem: não mantêm registros de seu trabalho, quando muito controlam sua comissão (quando vendem).

Faça um teste. Responda rápido:

– Quantas visitas ou ligações você fez no ano passado?

– Você precisa falar com quantos clientes para fechar uma venda? Qual a sua média?

– Qual o seu índice de pendências e de fechamentos na primeira visita ou ligação?

– Qual o valor médio dos seus contratos?

– Qual o seu objetivo em número de visitas ou ligações esta semana e por quê?

Bem, se não tem respostas para elas, você está sabotando o seu próprio sucesso. Leia atentamente este capítulo, pratique seus ensinamentos e ocupe o seu lugar no pódio dos campeões.

O MÉTODO

O método é extremamente simples: você precisa analisar apenas os seus dados e, baseado em algumas informações, definir quantos clientes precisa visitar para fazer *x* vendas em determinado período.

Há muito tempo, o vendedor Frank Bettger* estava desanimado e derrotado, praticamente já tinha

* Extraído do livro *Do Fracasso ao Sucesso na Arte de Vender*. São Paulo: IBRASA, 1978

esgotado todas as suas forças, quando seu gerente lhe falou mais ou menos o seguinte:

– Este negócio de vendas resume-se em uma coisa: visitar pessoas. Mostre-me um vendedor com habilidades normais, que seja capaz de contar a sua história honestamente a quatro ou cinco pessoas todos os dias e lhes mostro aí um campeão de vendas.

Frank Bettger se dispôs a comprovar as palavras do gerente. Faltavam apenas dez semanas para o término do ano e ele resolveu anotar diariamente todas as visitas que faria, a fim de verificar se estava alcançando o objetivo que ele mesmo havia se proposto.

O resultado foi que naquelas dez semanas ele vendeu mais do que tinha sido capaz de vender nos dez meses anteriores!

FUNCIONA COMO UMA RADIOGRAFIA

Com este controle, consegue-se outra coisa muito importante, que é determinar exatamente qual o seu problema em vendas, qual o ponto que precisa ser melhorado. Funciona como uma verdadeira RADIOGRAFIA, que mostra onde está o seu problema.

Muitos vendedores, quando passam um período sem vendas, sentem-se inúteis, imprestáveis e acabam desistindo dos seus negócios, achando que não dão para isto. É uma pena! A maioria dos casos poderia ser resolvida simplesmente com uma ação em cima do ponto fraco, mas, como ele não sabe qual é o ponto fraco, fica difícil.

O raciocínio é simples, basta fazer algumas contas. Vamos supor que os dados abaixo reflitam o resultado do seu trabalho de uma semana:

Data	Visitas	Entrevistas	Houve Venda	Não Houve Venda	Pendentes	Valor
Seg.	5	3	1	1	1	500,00
Ter.	7	4	2	2	0	850,00
Qua.	9	3	2	0	1	920,00
Qui.	4	4	1	2	1	310,00
Sex.	6	3	2	1	0	720,00
Resumo	31	17	8	6	3	3.300,00

Imagine a seguinte situação e leve o exemplo para o seu negócio. Vamos supor que você manteve seus registros de vendas por pelo menos 12 meses consecutivos e obteve os seguintes resultados:

VISITAS	1.380
ENTREVISTAS	730
NEGÓCIOS FECHADOS	215
COMISSÕES	R$ 30.000,00

Divida o valor das comissões obtidas pelo número de visitas (R$ 30.000,00 dividido por 1.380 visitas = R$ 21,76 por visita), ou seja, determine o quanto ganha em cada visita. No exemplo, você pode afirmar que ganhou em cada visita R$ 21,76 (mesmo de quem não comprou). Um valor menor de venda por visita dá a sensação de um grande alívio, pois tira uma grande pressão das suas costas porque você sabe que pela lei das médias tudo acabará bem.

O seu desafio será fazer com que o valor da visita e, como conseqüência, seus ganhos aumentem.

Veja um exemplo prático:

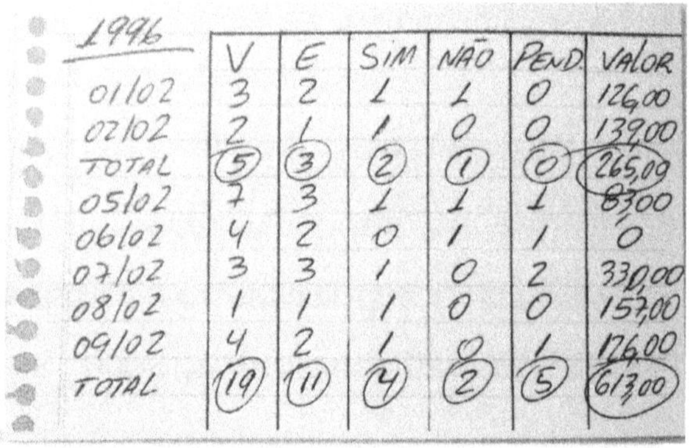

1996	V	E	SIM	NÃO	PEND	VALOR
01/02	3	2	1	1	0	126,00
02/02	2	1	1	0	0	139,00
TOTAL	5	3	2	1	0	265,00
05/02	7	3	1	1	1	83,00
06/02	4	2	0	1	1	0
07/02	3	3	1	0	2	330,00
08/02	1	1	1	0	0	157,00
09/02	4	2	1	0	1	126,00
TOTAL	19	11	4	2	5	613,00

Analisando os dados, você saberá onde deve melhorar e por que está vendendo pouco:

– O número de visitas está baixo? Precisa gastar mais sola de sapato...

– Está visitando muito e entrevistando pouco? Provavelmente está trabalhando errado e perdendo tempo. Precisa trabalhar mais com hora marcada e dar o tiro certo.

– Está entrevistando uma boa quantidade de compradores, mas com poucas vendas? Não está convencendo e deve melhorar a apresentação.

– Número de pendências muito alto? Isto indica que está com problema de fechamento e os compradores estão te enrolando.

Tire também algumas porcentagens para medir sua margem de eficácia. Por exemplo:

– Qual a porcentagem de visitas com entrevistas? Divida o número de entrevistas pelo de visitas e depois multiplique o resultado por 100 para obter a resposta.

17 dividido por 31 = 0,54 x 100 = 54%

– Qual a porcentagem de entrevistas que terminam com um contrato assinado? Divida o número de contratos pelo de entrevistas e multiplique o resultado por 100.

6 dividido por 17 = 0,35 x 100 = 35,29%

Com dados sobre o seu trabalho você pode fazer uma análise e estabelecer objetivos que irão ao encontro do seu crescimento pessoal, profissional e financeiro.

Você precisa saber aonde quer chegar, mas antes precisa saber onde está e isso só é possível se você tem números para analisar.

Suponha que esteja perdido no meio de uma floresta. O primeiro passo para encontrar a saída é saber onde você está para então decidir qual direção seguir e só depois começar a caminhar para a direção correta; caso contrário, quanto mais você caminhar, mais perdido ficará.

Aplique a poderosa ferramenta do "caderninho" aos seus negócios. Preencha a tabela abaixo e ao final do mês analise seus resultados. Com base nesta tabela, agora responda às perguntas que lhe propusemos no início deste capítulo.

Dia do Mês	Dia da Semana	Número de Visitas	Número de Entrevistas	Houve Vendas	Não Houve Venda	Pendentes	Valor da Venda
1							
2							
3							
4							
5							
6							
7							
8							
9							
10							
11							
12							
13							
14							
15							
16							
17							
18							
19							
20							
21							
22							
23							
24							
25							
26							
27							
28							
29							
30							
31							
Resumo							

Capítulo 12

A INCRÍVEL MÁQUINA DE FAZER DINHEIRO EM VENDAS

O entusiasmo é a maior força da alma.
Conserve-o e nunca faltará poder
para conseguir o que necessitar.

Napoleon Hill

Nos dias de hoje, em que as vendas estão cada vez mais disputadas, a *indicação* pode fazer toda a diferença entre o fracasso e o sucesso. Ela é a maneira mais fácil e barata de aumentar suas vendas sem aumentar os gastos, porque rende muito e custa nada.

Um dos segredos do maior vendedor do mundo Joe Girard (que entrou para o *Guinness Book, o livro dos recordes* – 1997) era o uso constante e aprimorado desta ferramenta de vendas. Ele pedia indicações praticamente a todos os seus clientes e levava isso tão a sério que até pagava pelas indicações conseguidas. Era comum ele dizer "quando o cliente compra, a venda não acaba, ela está apenas começando".

As indicações trazem consigo um elemento essencial à venda, que é o fator credibilidade.

Muitos clientes já foram "enrolados" por vendedores aproveitadores e por isso criaram uma resistência natural a vendedores. Mas, quando o vendedor foi indicado por uma pessoa na qual o cliente deposita confiança, esse muro de proteção cai pelo simples fato de se tratar de uma indicação; afinal, o cliente pensa, que se esse vendedor não fosse de confiança, não indicariam.

Alguns modelos para indicação bastante interessantes foram criados por verdadeiros gênios na arte de vender.

1. CARTÃO DE:/PARA:

Por acaso você já pediu indicações a um cliente e ele disse que depois lhe mandaria por fax, e-mail e, até hoje, nada? Isto acontece porque os clientes têm outras prioridades. Com a técnica do cartão (conforme ilustrações a seguir), suas chances de conseguir indicações aumentam muito porque você está facilitando a vida do seu cliente.

Após uma venda, o vendedor Frank Bettger entregava este modelo de cartão ao cliente e pedia para ele o preencher indicando-o a um amigo:

Para: --

Apresentando
Sr. Frank Bettger

De: --

Com este modelo de cartão de apresentação, Frank foi um dos maiores vendedores de seguros do mundo. A partir do cartão preenchido e assinado por seu cliente, ele conseguiu fazer várias vendas, aumentado assim o seu lucro.

Para: William Grey

Apresentando
Sr. Frank Bettger

De: Joseph Hoffman

Este cartão o ajuda a passar pelas secretárias e falar com quem decide e ainda reforça uma das coisas mais importantes para a venda, a *credibilidade*. Afinal, você foi indicado por um amigo e ele não o indicaria caso você não fosse bom, concorda?

Quando você apresenta este tipo de cartão, você é atendido, porque na cabeça do novo cliente ele está atendendo ao amigo, e não ao vendedor!

2. OS 5 CARTÕES

A técnica dos cinco cartões não pode ser usada com todos os clientes, somente com aqueles com quem você tem mais liberdade. Após o fechamento da venda, você coloca sobre a mesa cinco ou menos cartões em branco e pede para seu cliente indicar amigos e conhecidos, escrevendo nos cartões nome e telefone para contato. Finalizando a conversa, você diz: "Se o senhor estivesse em meu lugar, qual dessas pessoas visitaria primeiro?". A resposta será provavelmente a dica quente.

3. FORMULÁRIO PARA INDICAÇÃO

EMPRESA	NOME	TELEFONE	E-MAIL

O formulário anterior segue o mesmo princípio da técnica dos cinco cartões, mas é ideal para quem pratica a arte de vender por telefone e não tem um contato cara a cara com o cliente.

Crie um formulário simples, parecido com o da página anterior, envie-o para seus clientes por fax ou e-mail solicitando que lhe indiquem seus amigos. Pode ter certeza de que muitos retornarão a você com dicas quentíssimas de vendas.

Fui gerente geral de vendas de uma das maiores empresas promotoras de eventos empresariais do Brasil e posso assegurar que funciona. Os meus vendedores utilizavam esse formulário e foram inúmeras as vendas que fecharam a partir das indicações dadas e que, se não fosse por esse sistema, simplesmente jamais teríamos chegado ao indicado.

Já em sua próxima visita a clientes, leve o formulário abaixo em sua pasta. Terminada a entrevista, peça a eles que indiquem 2 a 3 nomes de amigos a quem você poderia contactar.

Este simples ato já lhe trará um aumento significativo nas vendas. Ao final do mês, e contando com a ajuda do "caderninho" visto no capítulo anterior, verifique quantos novos clientes foram contactados a partir do formulário a seguir e com quantos fechou negócio. Compare esses números com o de clientes que não foram indicados por amigos.

EMPRESA	NOME	TELEFONE	E-MAIL

Capítulo 13

UMA ARMA INFALÍVEL UTILIZADA PELOS CAMPEÕES DE VENDAS

Se você cuidar de seus clientes, eles cuidarão de você.

Jack Welch ✍

A importância desta ferramenta como propulsora de vendas e comissões pode ser demonstrada através de milhares de exemplos, como a história relatada por um vendedor: "com uma carta carimbada e assinada, registrando um aumento nas vendas na ordem de 97%, consegui em dois anos mais de US$ 100.000 em comissões". Você pode fazer o mesmo!

Estou falando de *depoimentos* ou *testemunhais*, como alguns conhecem. Trata-se de uma das ferramentas mais surpreendentes que já utilizei no ato da venda.

É de fundamental importância para nós, vendedores, termos em nossas pastas depoimentos de clientes satisfeitos que utilizam nossos produtos e serviços: estes servem freqüentemente como prova e, na maioria das vezes, são o elemento que reverte uma venda do NÃO para o SIM.

Não fique esperando o departamento de *marketing* ou sua gerência providenciarem esses depoimentos. Se o fizerem, melhor ainda, mas comece imediatamente a colher depoimentos em suas visitas a clientes. Vou lhe mostrar como fazer.

Sempre que se deparar com um cliente que elogia seu produto, serviço ou trabalho, pegue uma folha de papel em branco e peça para ele escrever o que acabou de falar. Em seguida, peça para ele assinar a declaração, se o papel for timbrado e tiver carimbo, melhor ainda. O importante é não deixar passar o momento e, caso o seu cliente não tenha muita habilidade com a escrita, peça licença a ele, escreva você o texto, deixe-o ler, para ver se era aquilo mesmo que ele queria dizer, e *assinar*.

Tenho um cliente que é um grande fabricante de cerveja no interior de São Paulo. Após uma palestra para todos os seus gerentes de vendas, ele ordenou que naquele dia todos os seus 700 vendedores pedissem depoimentos a seus clientes, e em apenas um dia ele tinha em mãos mais de 450 depoimentos a seu favor. Esta idéia, que se converteu em um hábito e hoje faz parte da cultura da empresa, já rendeu muitas vendas, segundo ele mesmo me informou.

Explique a seu cliente que esse depoimento é muito importante para você e que será muito útil no seu trabalho árduo de convencer outras pessoas que não conhecem o seu produto a comprar, que você lhe será muito grato pela gentileza da permissão de mostrar sua declaração a outros clientes e que, indiretamente, você estará fazendo uma propaganda da empresa boca a boca sem custo nenhum!

Assim que você tiver uma quantidade boa de depoimentos, no mínimo 15, precisa aprender a manuseá-los na frente do cliente. Uma boa forma de vender utilizando depoimentos e declarações é:

1.º Antes de visitar o cliente, ou enviar algum depoimento por fax, grife e passe marcador de texto nas frases mais importante dos depoimentos.

2.º Coloque-os (todos os 15) na mesa do cliente, mas de ponta cabeça para você. É para o foco do cliente e não o do vendedor.

3.º Leia frases grifadas para o seu cliente uma a uma; desta forma você estará utilizando dois canais de comunicação importantes ao mesmo tempo: a audição, porque você estará falando com firmeza e convicção, e a visão, porque **ele** estará lendo os depoimentos, que você deixou virado em sua direção.

4.º Quando acabar de ler um depoimento, passe para o próximo, e assim por diante. Isto já aconteceu comigo, quando eu estava no sexto ou sétimo depoimento o cliente virou para mim e disse: "Já chega! Qual o melhor prazo que você me consegue?" (sinal de compra) e fechei a venda.

– Você acha que os clientes tendem a acreditar mais na palavra de um vendedor ou de um outro cliente?

Uma vez, um dos maiores campeões de vendas que já conheci me disse que, se um vendedor mudo sentar-se na frente de um cliente, olhar no fundo dos olhos dele e apenas mostrar vários depoimentos, o cliente dirá: "Onde eu assino?". Aí está a força magnífica de um depoimento impresso.

Felicidades
tio Joe

Capítulo 14

O SEGREDO DO MAIOR VENDEDOR DO MUNDO E COMO APLICÁ-LO NO SEU DIA-A-DIA

*Para poder pensar com clareza,
um homem deverá ter períodos regulares
de solidão a fim de poder concentrar-se
e dar largas à imaginação, sem distrações.*

Thomas A. Edison

O maior vendedor do mundo, Joe Girard, a quem me referi no capítulo anterior, alcançava números realmente impressionantes; só para você ter uma idéia, enquanto a maioria dos vendedores de automóveis leva em torno de cinco a seis anos para vender 500 automóveis, ele, em um único ano, vendeu 540 automóveis, só através de indicações, sem contar as vendas normais. Em meados 1997, podia-se afirmar que sozinho ele vendia mais que todos os outros vendedores da concessionária juntos.

Tio Joe, como era conhecido, fez fama e fortuna vendendo automóveis para milhares de pessoas. Pesquisando a sua vida, cheguei à conclusão de que o seu maior segredo era o *forte relacionamento* com os clientes, algo a que, por parecer tão simples, a maioria dos vendedores não dá a devida atenção. Eu afirmo, isto é simples, mas não é fácil, porque requer disciplina e atitude.

Ele fazia um rápido cadastro com informações básicas como nome, endereço, nome dos familiares e datas de aniversários de todos os clientes que compravam um carro com ele. De posse dessas informações, mandava constantemente correspondências para seus clientes. Veja alguns exemplos:

Alguns dias após a compra do carro:

Olá caro cliente, como está o carro novo que lhe vendi? Espero que esteja gostando. Qualquer problema, por favor, me avise. Desejo que você e sua família sejam muito felizes com este carro. Gosto muito de você.

Tio Joe

No aniversário do cliente:

Querido cliente, feliz aniversário. Eu lhe desejo muitas felicidades. Um abraço.

Tio Joe

No aniversário de oito anos do filho do cliente. Imagine seu filho recebendo essa correspondência por dez anos seguidos:

Olá, pequeno (nome da criança), parabéns pelo seu aniversário. Tenho certeza de que você será um grande homem, muito rico e feliz quando crescer. Um abração.

Tio Joe

No aniversário da mãe do cliente:

Muita saúde e felicidades para a senhora. Que Deus dê vida longa para a senhora e parabéns pelos filhos e netos que a senhora tem. Com carinho.

Tio Joe

No dia de Natal:

Feliz Natal a todos! Vamos agradecer por mais este Natal juntos. Desejo a todos vocês muita saúde, felicidades, paz e fartura no próximo ano. Tio Joe ama toda a sua família.

Tio Joe

Suponha que você tivesse comprado um carro com Tio Joe e tenha recebido dele este tratamento e esta atenção.

– Passados 2 a 3 anos, na hora de trocar de carro, de quem você se lembraria?

– Quando seu filho crescesse e fosse comprar o seu primeiro automóvel, após ter recebido durante dez anos seguidos cartas de feliz aniversário, com quem ele compraria seu primeiro automóvel?

– Quando uma amiga da sua mãe estivesse falando com ela que seu marido precisava trocar seu carro por um mais novo, quem sua mãe indicaria?

– Quando seu amigo fosse trocar de carro, você diria para ele procurar quem?

Provavelmente você respondeu espontaneamente a todas as respostas acima dizendo Tio Joe. Aí está o segredo do maior vendedor do mundo: um forte relacionamento com seus clientes.

Construa uma rede de contatos, mantenha-se vivo na memória de seus clientes, cuide bem deles e eles cuidarão de você no futuro. Joe costumava dizer que quando o cliente sai com o carro da loja, a venda não acabou, ela está apenas começando.

Um detalhe: naquela época, Joe não dispunha de computadores para auxiliá-lo no seu processo. Hoje você tem uma série de facilidades como internet, e-mail, palm top, fax etc. É só colocar a mão na massa e colher os resultados que, dentro de três anos, terão subido muito.

FELICIDADES
tio João

Com base nas informações do Tio Joe, criamos para você um modelo de cadastro para acompanhamento de seus clientes.

FICHA DE CADASTRO DE CLIENTES

Empresa: ....

....

Contato: ....

Endereço: ....

....

Cep: .... Cidade: .... UF: ....

e-mail: ....

Fones: (0.xx...) ....

Fax.: (0.xx...) ....

Data de aniversário: ....

Data da 1.ª compra: ....

Observações: ....

....

....

....

....

....

....

Pense em qual a ordem de arquivamento que melhor facilita a busca de informações. Para alguns ramos de atividade, o melhor será pela data da primeira venda, por exemplo.

NOVO
NOVO

Capítulo 15

COMO VENDER PRODUTOS IGUAIS AOS DO CONCORRENTE POR UM PREÇO MAIOR

O hábito de poupar é que faz o rico.
Tive muitos clientes que ganharam
muito dinheiro e hoje estão na miséria.

Banqueiro inglês

Os produtos estão cada vez mais parecidos em todos os aspectos. Não existe mais rádio que não toca, carro que não anda, microondas que não esquenta etc. Então, fica a pergunta: como vender produtos iguais por um preço maior?

De acordo com uma pesquisa realizada pela conceituada empresa A.C. NILSEN, o preço não é tão importante como se pensa, quando o comprador está decidindo por uma compra. Observe o que a pesquisa apontou como motivos de decisão para a compra:

- **marca**
- **estilo**
- **qualidade**
- **conveniência**
- **preço**

Estes cinco motivos não estão listados por ordem de importância, pois dependendo do item que está sendo comprado ora a marca adquire maior importância, ora o estilo, ora a conveniência, mas o preço sempre vem em último lugar.

Observe atentamente os itens descritos e compare com suas últimas compras pessoais. Provavelmente você chegará a duas conclusões:

a) O preço assume uma importância maior no processo de compra quando o vendedor ou o produto não demonstraram claramente os quatro primeiros itens;
b) O preço passa a ser fator decisivo na compra quando dois produtos são iguais nos quatro primeiros itens da pesquisa.

Cada vez mais o vendedor precisará vender o intangível, ou seja, a marca, a qualidade, a história, os benefícios, a responsabilidade social e ecológica, a empresa, a cultura etc.

Não quero negar que o preço alto é um obstáculo às vendas e, em alguns casos, centavos farão a diferença. O que quero dizer é que o preço normalmente não é o único aspecto em questão.

Barato ou caro é algo relativo e dependerá da pessoa, pois o que é caro para um comprador poderá não ser para outro. Uma coisa é certa: quanto mais o cliente *desejar* o produto mais barato ele parecerá. Não se esqueça que o inverso também é verdadeiro.

Um relógio que custa R$ 1.500,00 pode parecer extremamente barato se ele for o objeto de desejo de um cliente, principalmente se o vendedor for habilidoso, souber valorizá-lo e ainda dividir o pagamento em 3 parcelas R$ 500,00. Mas, para um outro cliente que não vê a menor graça naquele modelo, os mesmos R$ 1.500,00 parecerão um insulto, um roubo.

O preço nem sempre é fator determinante para o fracasso de uma venda. Ele depende de um referencial e da importância dos outros itens que estão sendo analisados. Por exemplo:

— Suponha que você tivesse que se submeter a uma cirurgia do cérebro ou do coração. Você escolheria seu cirurgião pelo preço ou pela qualidade, pela competência?

— Vamos supor que você esteja em um posto de gasolina abastecendo seu veículo. A temperatura está beirando os 40°C e você está com muita, muita sede. Neste posto você encontra uma loja de conveniência, que não tem seu refrigerante predileto, mas tem outro. Você tomaria outro refrigerante ou continuaria com sede?

— Você está em uma fase próspera de sua vida e resolve realizar um sonho seu — comprar uma moto. Que moto você vai comprar, supondo que as duas custam exatamente o mesmo: uma Kawasaki 1000 ou uma Harley-Davidson?

Observe que no primeiro exemplo, o preço deixou de ser o fator mais importante, porque a qualidade é que fazia toda a diferença. Já no segundo exemplo, o preço ou a marca deixam de ter relevância, pois a conveniência tornou-se o fator mais importante.

Por fim, no exemplo das motos, é o estilo o que está em primeiro lugar, porque ambas as motos custam o mesmo, são de marcas reconhecidas no mercado e de grande qualidade. Que estilo você tem dirigindo uma Kawasaki? E uma Harley-Davidson?

Uma idéia importante que poderá ajudá-lo é o *princípio da escassez*. A escassez gera valor! Portanto, quanto mais difícil e raro for um produto, menos importância terá o seu preço. É, por exemplo, o que ocorre com famosas marcas espalhadas pelo mundo.

O lucro e as boas comissões estarão cada vez mais no valor agregado que o produto ou serviço trazem consigo, e não no seu preço.

Cuidado com a guerra de preços, ela já quebrou e continuará quebrando muitas empresas e vendedores por todo o mundo. Venda valor e não preço.

DICAS PARA DESVIAR A ATENÇÃO DO CLIENTE NO PREÇO

- Utilize diferentes formas e prazos de pagamentos, do tipo compre agora e pague depois.
- Enfatize o relacionamento, a simpatia, e sempre chame o cliente pelo nome.
- Faça pequenas cortesias e gentilezas, como, por exemplo, dar pirulitos para crianças.

- Enfatize o lucro que ele terá com o seu produto, no caso de revendedores e distribuidores.
- Valorize a extrema qualidade, a escassez, a raridade, o *status*, a grife, o estilo e o prestígio.
- Crie uma ardente necessidade em comprar o produto.
- Torne a compra rápida, simples e fácil.
- Mexa com o ego do cliente.

CONTRATO

Capítulo 16

A FORÇA AVASSALADORA DO EGO E SEU IMPACTO NAS VENDAS

A felicidade não é uma estação
à qual você chega,
mas uma maneira de viajar.
Zig Ziglar ✍

Este é um assunto pouco abordado, mas muito importante quando falamos sobre técnicas de vendas. Todas as vendas que ocorrem no mundo giram em torno de dois motivos: o prazer de ganhar e o medo de perder – ambos diretamente relacionados ao ego da pessoa.

Muitos negócios são fechados a todo instante e muitas vendas são realizadas somente porque os clientes querem sentir aquela sensação gostosa de poder comprar. Às vezes, ele nem precisa do produto, mas o que vai impulsioná-lo para a compra é o simples fato de poder dizer "eu tenho", "eu posso", "eu comprei".

O vendedor habilidoso mexe com o ego do seu cliente, valoriza-o, coloca-o numa posição confortável, fazendo com que ele se sinta importante por comprar aquele produto. Mas também tenho visto muitos vendedores perderem bons negócios por não saberem explorar este ponto e – o que é pior ainda – no momento da venda valorizam o *seu* ego estufando o peito, levantando o nariz, passando para o cliente uma imagem de arrogância e prepotência que não agrada a ninguém.

Lembre-se: no momento da venda você deve interpretar seu papel de vendedor(a) e não outro. É preciso ter sempre em mente o objetivo principal da atividade, que é ajudar o próximo e *fechar a venda*.

Falar de suas conquistas pessoais e de suas histórias não é importante no ato da venda. Deixe isso para depois. Em vendas, o que conta mesmo é o resultado final e o mais importante para isso são as conquistas e histórias dos seus clientes.

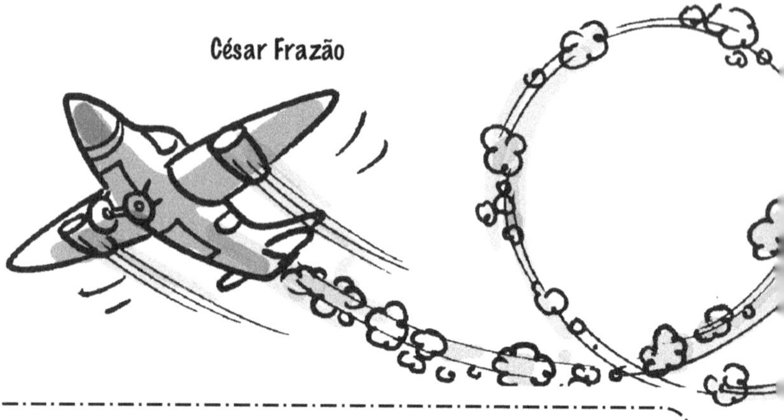

O vendedor precisa ter sempre em mente que a força do ego é enorme. Por exemplo, quando se é pai,muitas coisas são compradas não porque se precisa delas, mas pelo que os outros vão notar ou dizer, pelo prazer de mostrar que se pode ter.

Suponha que o filho peça um vídeo-game que custa R$ 1.000,00 como presente de Natal. O pai acha o brinquedo caro, mas diante da imagem de felicidade do filho junto aos primos e amigos, da imagem da família vendo-o presentear o filho e dos comentários "Isso que é pai!", "Isso é que é uma família de sucesso!", o preço já não é mais importante.

Quando o vendedor sabe trabalhar com o ego, ele se transforma em uma força avassaladora. Mas, o erro mais comum que o vendedor pode fazer é ficar falando do seu próprio ego. Vai vender um carro, por exemplo, e fica falando: "O meu carro é igual! É novinho, é do ano, todo equipado, faz 20 km por litro de combustível!

AGENDA

Capítulo 17

UMA DAS MAIORES CAUSAS DO FRACASSO EM VENDAS E COMO EVITÁ-LA

A maior herança que um pai pode deixar
para o seu filho não é o dinheiro,
é o hábito da leitura.

Edílson Lopes

Acreditar cegamente no que as palavras dizem pode ser um dos motivos pelos quais não se consegue vender.

É comum a situação no mundo das vendas em que ainda não se conseguiu vender a um cliente. Algumas empresas chamam esses casos de clientes em aberto, potenciais, visitados, aguardando respostas etc. Eu prefiro chamá-los de "pendentes", porque, segundo o dicionário *Aurélio*, significa *que está para acontecer*.

Pare de se iludir com frases de clientes do tipo "preciso pensar" ou "me ligue amanhã". Quando um cliente lhe diz isso geralmente ele já tomou a decisão de **não** comprar, só não tem coragem de lhe dizer. Você precisa entender de uma vez por todas que as pessoas têm uma absurda dificuldade de dizer "não".

Uma dica muito boa a ser usada quando o cliente lhe diz uma frase do tipo "depois eu ligo" é pedir para o cliente dar uma nota de 0 a 10 para seu produto. Se a nota for 9,0 é um bom sinal; agora, se a nota for menor, já sabe...

No fechamento, fique atento à modulação de voz e à postura do comprador para detectar se é sincera ou automática. Por exemplo: "Vou analisar e lhe ligo depois..." dito com descaso é sinal de falsa pendência. Isto é diferente de: "Vou analisar, volte amanhã às 8h30min para definirmos" que, dito com seriedade, pode ser sinal de que a proposta é sincera.

Quando não tiver outra saída a não ser adiar a definição, não deixe a segunda visita em aberto: saia do cliente já com data e hora marcada para a segunda entrevista. Abra a agenda na frente dele e anote. Com isto, você mostra que é uma pessoa organizada e ocupada.

INVERTA OS PAPÉIS

Há situações em que não há jeito, pois o cliente quer deixar para depois. Quando perceber que isso vai acontecer, você ainda tem uma chance de se sair bem e, em uma segunda visita ou ligação, tirar o pedido. Inverta os papéis, faça algumas rápidas perguntas e diga em seguida: "Não vou lhe vender agora; vou analisar o que eu posso fazer e volto a procurá-lo amanhã às 14h".

Essa técnica, conhecida como inversão de papéis, funciona muito em alguns segmentos de mercado. Ela também pode ser utilizada quando o cliente diz: "Tenho cinco minutos para você – nem mais, nem menos!". Neste caso (partindo do princípio que isto é verdade), utilize os três primeiros minutos para sondar a necessidade e explicar algo superficial sobre o produto, criando uma expectativa e os dois minutos restantes para agendar um novo encontro e despedir-se.

Nesse caso, você também pode assumir uma postura mais firme e dizer: "Desculpe, como profissional preciso de pelo menos 30 minutos; caso contrário, estaria prejudicando ao senhor e a mim. Podemos começar ou quer marcar para hoje no final da tarde?".

Em vendas, o amanhã não existe, salvo raras exceções.

O grande problema quando o cliente posterga a compra e diz: "Retorne amanhã que eu compro" é saber se isso é verdade ou mentira. Se for verdade, esse adiamento não gera problema, pois o cliente precisa desse tempo para conversar com outros, com seu sócio, e posteriormente fazer o pedido.

Mas na maioria das vezes, essa fala não é verdadeira, porque o cliente sabe que não vai comprar, mas não tem coragem de dizer "não vou comprar", "não acredito em você", "não gosto da sua empresa", "não tenho dinheiro" etc. O cliente não diz isso e o vendedor - como quer vender, tem a necessidade de vender — se ilude, se engana, e vai alimentando um baú de ilusões. Fica com um monte de pedidos para finalizar, pensando que vai dar certo, e chega no final do mês... e não vende nada. Ele é uma pessoa trabalhora, honesta, que se deixou levar.

Assim, quando o vendedor faz a pergunta "De 0 a 10, qual a chance do senhor comprar?", ele pede um número, que é algo exato, fica com uma noção clara de "até que ponto o cliente está dizendo a verdade". Abaixo da nota 9 de seu cliente, é baixíssima a possibilidade de compra. A venda é uma ilusão. Pobre do vendedor que acredita na nota 7 ou na nota 8! É duro, mas é verdade, é provado: de 9 para baixo é dificílimo que ocorra a venda.

Lembre-se que o índice que mostramos vale para qualquer produto, porque o cliente é igual em qualquer lugar.

Capítulo 18

O CAMINHO DO SUCESSO

O que é sucesso para uns
pode não ser para outros.
O verdadeiro sucesso é ser feliz.

Roberto Shinyashiki

O sucesso pode ter diferentes significados, o que é sucesso para uns, para outros não significa absolutamente nada. Mas uma coisa é certa, todos querem alcançar o sucesso na vida, principalmente nós, vendedores, que vivemos perseguindo metas e objetivos.

Havia um jovem vendedor que estava caminhando há dias por uma longa estrada, em busca do *sucesso*, quando, de repente, após uma curva à direita, ele se depara com uma bifurcação.

No meio dessa bifurcação, estava sentado um velho sábio de barbas brancas, esperando calmamente o tempo passar. O jovem vendedor aproxima-se dele e pergunta:

– Ó sábio, o senhor parece ter muita experiência e sabedoria. Poderia me dizer qual o caminho do sucesso, o da direita ou o da esquerda?

O velho sábio levanta, dirige-se até o vendedor e responde:

– Venha até aqui que eu vou lhe mostrar.

Lentamente, o sábio caminha até a beira da estrada, onde existia um lindo lago. Ele coloca a mão na nuca do vendedor e afunda a cabeça dele no lago, segurando-a por alguns instantes.

Quando o vendedor está quase sem ar, o sábio solta o vendedor e este lhe diz:

– Não entendi o que o senhor está querendo fazer? Eu só quero saber qual o caminho do sucesso.

Sem dizer nada, o sábio acena com a cabeça positivamente, concordando em mostrar ao jovem vendedor, novamente, o caminho. Outra vez ele afunda a cabeça do vendedor no lago e a segura por mais tempo. Quando o vendedor está quase se afogando ele, com um gesto brusco, empurra o sábio e fala em voz alta:

– Mas o que é isso? Estou começando a achar que o senhor está de brincadeira comigo, que não é sábio coisa nenhuma e, no fundo, está querendo me matar!

– Calma, meu jovem, você quer saber o caminho do sucesso, então feche os olhos, respire fundo e verá.

Pela terceira vez, o sábio afunda a cabeça do vendedor na água, só que agora ele coloca todo o peso do seu corpo nas costas do vendedor, obrigando o jovem a ficar no fundo por quase um minuto. Quando o vendedor já está quase sem fôlego, desesperado para levantar-se, pois sabe que se ficar mais alguns segundos sem ar morrerá, ele reúne todas as suas forças e levanta, jogando o sábio para longe.

Meio tonto e sem fôlego, vai pouco a pouco retomando a respiração e, indignado e revoltado, parte para agredir o sábio, gritando:

– Você é louco, é um maníaco! Tentou me matar, agora vai ver só o que eu vou fazer com você.

O sábio o interrompe e diz calmamente com toda a sua sabedoria:

– Meu jovem vendedor, você não queria saber qual o caminho do sucesso? Então você acaba de descobrir... No dia em que você quiser alcançar o sucesso com a mesma força e vontade que quis o ar para respirar, você o terá, porque o sucesso não está no caminho da esquerda nem no da direita, ele está dentro de VOCÊ, no seu coração!

Você é muito melhor do que sua mente lhe permite acreditar que é.
Tenha a certeza de que a <u>única</u> barreira entre o sucesso e você é sua <u>atitude mental</u>.

Para falar com o autor:
e-mail: cezarfrazao@cezarfrazao.com.br
site: www.cezarfrazao.com.br

Informações sobre palestras e treinamentos:
e-mail: eventos@patrianieventos.com.br
fone: (0.xx.11) 5573-7447 ou 5575-7314 com Silvia Patriani